Convivendo com os
Diabinhos

Miriam Röders

# Convivendo com os DIABINHOS

Como lidar com o nosso lado sombrio

*Tradução:*
J. COELHO ELIAS

EDITORA PENSAMENTO
São Paulo

Título original: *Wirf Licht auf Deinen Schatten.*

Copyright © 2003 Neue Erde GmbH.

Todos os direitos reservados. Nenhuma parte deste livro pode ser reproduzida ou usada de qualquer forma ou por qualquer meio, eletrônico ou mecânico, inclusive fotocópias, gravações ou sistema de armazenamento em banco de dados, sem permissão por escrito, exceto nos casos de trechos curtos citados em resenhas críticas ou artigos de revistas.

A Editora Pensamento-Cultrix Ltda. não se responsabiliza por eventuais mudanças ocorridas nos endereços convencionais ou eletrônicos citados neste livro.

Ilustrações de Ian Dicks.

Designers das ilustrações: Robert Warstone & Simon Buckstone

**Dados Internacionais de Catalogação na Publicação (CIP)**
**(Câmara Brasileira do Livro, SP, Brasil)**

Röders, Miriam
    Convivendo com os diabinhos : como lidar com
o nosso lado sombrio / Miriam Röders ; tradução
J. Coelho Elias. — São Paulo : Pensamento,
2006.

    Título original: Wirf Licht aut deinen
Schatten
    ISBN 85-315-1476-2

    1. Autoconhecimento — Teoria 2. Autopercepção
3. Crescimento humano 4. Evolução humana
5. Ocultismo 6. Parapsicologia I. Título.

06-7803          CDD-133

Índices para catálogo sistemático:
1. Autoconhecimento : Parapsicologia e ocultismo
133

O primeiro número à esquerda indica a edição, ou reedição, desta obra. A primeira dezena
à direita indica o ano em que esta edição, ou reedição, foi publicada.

Edição                                    Ano
1-2-3-4-5-6-7-8-9-10-11          06-07-08-09-10-11-12-13

Direitos de tradução para a língua portuguesa
adquiridos com exclusividade pela
EDITORA PENSAMENTO-CULTRIX LTDA.
Rua Dr. Mário Vicente, 368 — 04270-000 — São Paulo, SP
Fone: 6166-9000 — Fax: 6166-9008
E-mail: pensamento@cultrix.com.br
http://www.pensamento-cultrix.com.br
que se reserva a propriedade literária desta tradução.

# Sumário

Caro amigo ............................................................. 13

## A primeira infância (LUA): 0 – 6 anos

Dor ...................................... 18

~~Abandono~~ ...................................... 19

Reclusão .............................. 20

**Sofrimento** ........................... 21

Medo ...................................... 22

## A idade escolar (MERCÚRIO): 7 – 13 anos

Decepção ......................... 24

VULnerabiliDADE .................. 25

*Desânimo* .......................... 26

*Repressão* ........................... 27

Manipulação ................. 28

## *A puberdade* (VÊNUS) 14 – 20 anos

CONFLITO .......................... 30

DEpressão .............................. 31

Culpabilidade .......... 32

DEsejo .............................. 33

RejeiÇãO .......................... 34

DEsequilíbrio .................... 35

## Desenvolvimento pessoal ~~(SOL)~~: 21 – 27 anos

Impaciência ....................... 38

ARROGÂNCIA .................. 39

*Crise* ........................... 40

ORGULHO ...................... 41

Inveja ............................... 42

## A fase da competição (MARTE): 28 – 34 anos

Vaidade .............................. 44

Abatimento ....................... 45

Desalento ......................... 46

Inimizade ......................... 47

**CÓLERA**.............................. 48
Ressentimento.............. 49

**Busca existencial**
*(JÚPITER): 35 – 41 anos*
PRESUNÇÃO ........................ 52
Aparência ........................ 53
Aversão .............................. 54
Incompreensão.................. 55
Derrota .............................. 56

**Crise**
**(SATURNO): 42 – 48 anos**
BLOQUEIO........................ 58
Culpa .................................... 59
Dependência...................... 60
Dúvida.............................. 61
Intransigência ............ 62

Em busca do entusiasmo
(URANO):
49 – 55 anos

Revolta interior ............... 64
*Indiferença*...................... 65
A M B I Ç Ã O ............ 66
Espírito de ~~destruição~~ .... 67
Enfrentamento.................. 68

**Dos valores materiais aos espirituais**
**(NETUNO): 56 – 62 anos**
Distração ............................ 70
Indolência........................ 71
Hipocrisia................................ 72
Autocompaixão ................ 73
Confusão ........................ 74

**Metamorfose**
**(PLUTÃO): 63 – 70 anos**
Crueldade........................ 76
Ódio .................................... 77
SENTIMENTO DE IMPOTÊNCIA............ 78
TREVAS ........................ 79
Morte.............................. 80

# Sumário

Caro amigo .................................................. 13

**A primeira infância
(LUA): 0 – 6 anos**
Dor .................................. 18
Abandono ....................... 19
Reclusão ......................... 20
Sofrimento ...................... 21
Medo ............................... 22

**A idade escolar
(MERCÚRIO): 7 – 13 anos**
Decepção ........................ 24
Vulnerabilidade .............. 25
Desânimo ....................... 26
Repressão ....................... 27
Manipulação ................... 28

**A puberdade
(VÊNUS) 14 – 20 anos**
Conflito .......................... 30
Depressão ....................... 31

Culpabilidade ................. 32
Desejo ............................. 33
Rejeição .......................... 34
Desequilíbrio .................. 35

**Desenvolvimento pessoal
(SOL): 21 – 27 anos**
Impaciência .................... 38
Arrogância ...................... 39
Crise ............................... 40
Orgulho .......................... 41
Inveja .............................. 42

**A fase da competição
(MARTE): 28 – 34 anos**
Vaidade ........................... 44
Abatimento ..................... 45
Desalento ........................ 46
Inimizade ........................ 47

| | |
|---|---|
| Cólera | 48 |
| Ressentimento | 49 |

**Busca existencial
(JÚPITER): 35 – 41 anos**

| | |
|---|---|
| Presunção | 52 |
| Aparência | 53 |
| Aversão | 54 |
| Incompreensão | 55 |
| Derrota | 56 |

**Crise
(SATURNO): 42 – 48 anos**

| | |
|---|---|
| Bloqueio | 58 |
| Culpa | 59 |
| Dependência | 60 |
| Dúvida | 61 |
| Intransigência | 62 |

**Em busca do entusiasmo
(URANO): 49 – 55 anos**

| | |
|---|---|
| Revolta interior | 64 |
| Indiferença | 65 |

| | |
|---|---|
| Ambição | 66 |
| Espírito de destruição | 67 |
| Enfrentamento | 68 |

**Dos valores materiais aos
espirituais
(NETUNO): 56 – 62 anos**

| | |
|---|---|
| Distração | 70 |
| Indolência | 71 |
| Hipocrisia | 72 |
| Autocompaixão | 73 |
| Confusão | 74 |

**Metamorfose
(PLUTÃO): 63 – 70 anos**

| | |
|---|---|
| Crueldade | 76 |
| Ódio | 77 |
| Sentimento de impotência. | 78 |
| Trevas | 79 |
| Morte | 80 |

# Lista alfabética das figuras

| | | | |
|---|---|---|---|
| Abandono | 19 | Enfrentamento | 68 |
| Abatimento | 45 | Espírito de destruição | 67 |
| Ambição | 66 | Hipocrisia | 72 |
| Aparência | 53 | Impaciência | 38 |
| Arrogância | 39 | Incompreensão | 55 |
| Autocompaixão | 73 | Indiferença | 65 |
| Aversão | 54 | Indolência | 71 |
| Bloqueio | 58 | Inimizade | 47 |
| Cólera | 48 | Intransigência | 62 |
| Conflito | 30 | Inveja | 42 |
| Confusão | 74 | Manipulação | 28 |
| Crise | 40 | Medo | 22 |
| Crueldade | 76 | Morte | 80 |
| Culpa | 59 | Ódio | 77 |
| Culpabilidade | 32 | Orgulho | 41 |
| Decepção | 24 | Presunção | 52 |
| Dependência | 60 | Reclusão | 20 |
| Depressão | 31 | Rejeição | 34 |
| Derrota | 56 | Repressão | 27 |
| Desalento | 46 | Ressentimento | 49 |
| Desânimo | 26 | Revolta interior | 64 |
| Desejo | 33 | Sentimento de impotência | 78 |
| Desequilíbrio | 35 | Sofrimento | 21 |
| Distração | 70 | Trevas | 79 |
| Dor | 18 | Vaidade | 44 |
| Dúvida | 61 | Vulnerabilidade | 25 |

# Caro amigo,

Com o nascimento, damos o passo inicial na vida e ingressamos na primeira fase do nosso desenvolvimento. De acordo com uma antiga tradição, podemos dividir esse processo em diferentes períodos de sete anos. Cada um desses períodos é representado simbolicamente por um planeta e corresponde, segundo os antigos, a determinadas características que, aperfeiçoando-se pela educação, passam a constituir os traços mais relevantes da personalidade. Às diferentes etapas dessa evolução correspondem determinadas características. Com o tempo, algumas dessas características vão mudando ou ficam esquecidas; outras, porém, se tornam muito marcadas, muitas vezes por meio de situações difíceis.

Entretanto, como acumulamos na vida as diferentes fases do longo ciclo que vai do nascimento à morte, a idade da pessoa num determinado momento não é o aspecto principal da questão. Todas as eventualidades da existência, todas as barreiras e dificuldades que enfrentamos estão lado a lado conosco e aguardam a melhor ocasião para se manifestarem.

Assim, paradigmas assimilados na infância freqüentemente permanecem durante toda a vida, ao passo que características incorporadas à personalidade na fase madura ou mesmo na velhice já podem ser constatadas nas primeiras fases do crescimento.

Que papel exercem nesse "jogo da vida" os diabinhos mostrados neste livro?

Antes de responder a essa pergunta, cabe fazer uma outra: o diabo realmente existe? Se temos em mente a forma corporal em que se costuma representá-lo – metade homem, metade bicho – diremos que não. Mas ele existe como símbolo, pois quase todos os povos o têm ou tiveram como a personificação do mal, sendo visto no Antigo Testamento como a personagem que se rebelou contra Deus e seduziu as criaturas humanas. Uma outra versão o apresenta como LÚCIFER, ou portador da luz, o anjo que estava acima de todos os outros e decaiu de sua condição por intervenção divina.

Mas tão logo nos vem ao conhecimento o sentido da palavra grega *diabolos* (causador de ruptura ou desunião) penetramos diretamente no significado desses diabinhos aqui representados. Eles apontam para o que se pode chamar de sombras, isto é, tudo aquilo que – na concepção junguiana – nos passa despercebido e inconscientemente projetamos sobre as outras pessoas e o mundo que nos rodeia.

Olhar para as figuras dos diabinhos e interpretar o que querem dizer, buscando a implicação entre o que elas representam e a vida de cada um de nós, é tão desagradável quanto considerar essas sombras, podendo ser causa de confusão, desânimo e, até mesmo, de sentimentos de culpa ou inferioridade.

Por isso, consideremos desde logo a figura do "anjo caído". Lúcifer afastou-se de Deus para introduzir luz na zona de sombras que é o inconsciente de cada um de nós; a sua existência, portanto, está em perfeito acordo com o projeto divino.

Além disso, também nos servirá de ajuda entender o sentido da expressão "causador da ruptura" (*diabolos*). Quando, na maioria das vezes em pensamento, entramos intimamente em ruptura com a verdade do coração ou dela nos afastamos, ingressamos precisamente nesse domínio das sombras, e quase sempre sem nos darmos conta.

A esta altura, você perguntará por que é tão importante este lado pouco atraente da nossa personalidade e qual o interesse em conhecê-lo. A resposta é que neste nosso mundo bipolar, feito tanto de luz como de sombra e onde o bem coexiste com o mal, o papel da criatura humana é reconhecer os contrários como elementos opostos que cabe juntar harmonicamente, já que na vida sempre estão presentes os dois lados. Somente por esta via será possível alcançar um estado de serenidade equivalente à condição divina, que a tudo permite assistir sem ímpetos de julgar ou rejeitar.

Apenas mediante a percepção e o conhecimento integral de si próprio o indivíduo estará apto a apreender a inteira realidade do próximo e a transmitir-lhe a sua arte de viver.

Este é o caminho do regresso à unidade perdida, um mundo de paz, amor e harmonia.

Para tornar mais fácil essa via de retorno, freqüentemente áspera e dolorosa, cada figura de diabo é acompanhada de uma palavra-guia e de um comentário, que contém uma proposta e estímulo para a reflexão.

No meu grupo gostávamos de praticar, havia já alguns anos, com umas cartas de Findhorn que traziam desenhos de anjos. Um dia os diabinhos se intrometeram no nosso jogo e, daí em diante, eu passei a sentir com freqüência o quanto eles são capazes de provocar transtorno e perturbação.

Portanto, a cada leitor, faço votos para que se disponha a aceitar e reconhecer esses diabos como valiosos sinais que apontam para o conhecimento do lado obscuro do seu próprio ser. Assim poderemos – de novo – alcançar a identificação total com a Luz.

*Miriam*

# A primeira infância
## (Lua)
### *0 – 6 anos*

# 1. ALÍVIO

*Dor:* A vida na Terra começa com dor?

Pode-se imaginar o quanto sofremos para alcançar a tão almejada liberdade por meio do estreito canal por onde se chega ao mundo. O parto é algo doloroso, não só para a mãe mas freqüentemente também para o filho. Muitas pessoas sofrem com ele um trauma que deverão suportar sempre que tiverem de refazer a sua vida.

Mas o ser humano padece também uma outra forma de dor, resultante da limitação de sua existência num mundo indiferente, sombrio e hostil. Cresce então dentro dele, progressivamente, a lembrança daquela pátria de luz que, às vezes, ainda lhe aparece em sonhos.

Você encontrará alívio para esse sofrimento original à medida que considerar a sua vida como uma longa série de experiências. Assim, você poderá reconhecer, nos bons e nos maus momentos, a riqueza da sua existência individual, aceitando-se com amor no tempo e lugar onde estiver.

# 2. SEGURANÇA INTERIOR

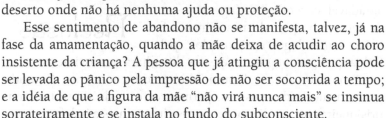

*Abandono:* Para muitas pessoas não há nada pior do que se sentirem abandonadas, situação que comparam ao isolamento num deserto onde não há nenhuma ajuda ou proteção.

Esse sentimento de abandono não se manifesta, talvez, já na fase da amamentação, quando a mãe deixa de acudir ao choro insistente da criança? A pessoa que já atingiu a consciência pode ser levada ao pânico pela impressão de não ser socorrida a tempo; e a idéia de que a figura da mãe "não virá nunca mais" se insinua sorrateiramente e se instala no fundo do subconsciente.

Mais tarde, você buscará amparo onde puder. Primeiro na casa paterna, depois no parceiro ou parceira, nos amigos, na profissão, no seu apartamento – e o faz com grande insistência, ainda que há muito tempo a relação já não dê mais frutos ou mesmo tenha morrido.

Tudo o que você tem pode abandoná-lo ou ser-lhe tirado um dia, menos a segurança que pode existir dentro de você mesmo. Tente ser consciente desse dom e revigorá-lo sempre, e você será capaz de entregar-se sem receios ao curso da vida.

# 3. LIBERTAÇÃO

*Reclusão:* Depois de passar nove meses no calor do seio materno, cada um de nós se sente como numa prisão quando vem ao mundo. Ao deixar um lugar tão agradável e acolhedor (apesar de um tanto apertado nas semanas finais), somos logo "aprisionados" pela fralda que, por longos meses, nos dificultará os movimentos.

Tudo isto caiu no domínio do nosso inconsciente. Contudo, para a maioria das pessoas, permanece o medo de se tornarem prisioneiras no cotidiano. Sentem-se impotentes e indefesas, oprimidas pela vida em sociedade, a polícia, as instituições carcerárias. Esta espécie de angústia reina nos grandes conglomerados humanos, nos transportes superlotados, nos centros comerciais e, em geral, por todos os lugares que se tornaram estreitos demais para tanta gente.

Como se libertar desse peso? Uma velha frase – o pensamento é livre – aponta o caminho a seguir por todo aquele que pretende romper as grades dessa prisão.

Do mesmo modo, por mais difícil que seja a situação e até mesmo quando as pessoas ao seu redor vivem aprisionadas, as aparências perdem importância à medida que a sua consciência adquire a percepção da sua liberdade interior.

# 4. CONSOLAÇÃO

*Sofrimento*: O que é sofrimento? Será que me sinto oprimido por um mal cuja origem desconheço? Sinto brotarem lágrimas nos olhos quando perco alguma coisa muito bonita ou um bem inestimável?
   Para a criança, a relação entre essas coisas ainda não é tão evidente. A causa do sofrimento pode ser o brinquedo preferido que se quebrou ou um desejo não atendido.

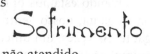

   Mais tarde, virá o tempo de fazer amizades e buscar distrações e, com ele, uma inexplicável tristeza. Será por causa do pressentimento de que tudo muda e de que nenhuma felicidade é duradoura?
   Quando sofrer por isso, chore sozinho. Saiba encontrar alívio nas lágrimas, e você sentirá a paz retornar ao seu coração e seu ânimo iluminar-se espontaneamente num sorriso. Os raios de sol brilham através das gotas de chuva para mostrar a você o quanto a vida é bela na sua inconstância.

# 5. ABERTURA

*Medo:* Você pode fechar-se em si mesmo diante do medo. Mas também pode abrir-se confiantemente ao que é novo e desconhecido. É assim tanto na hora em que nascemos como no final da vida, ao nos depararmos com a morte.

Quando estamos oprimidos pelo medo, sentimos um aperto na garganta, nosso ventre se contrai e a respiração torna-se ofegante. Às vezes, um único pensamento é suficiente para mudar o ânimo até então tranqüilo e nos deixar assustados.

No mundo ocidental as pessoas vivem, hoje em dia, razoavelmente protegidas contra os riscos da vida. Isso deixa o campo livre para manifestações de hipersensibilidade (quando você quer descobrir um inimigo) e impulsos autodestrutivos (quando o seu inimigo é você mesmo). O que há por trás desse comportamento tão comum nos dias de hoje?

A incerteza, essa atitude que sempre acompanhou a humanidade, põe em questão a confiança que originalmente depositamos na vida, enchendo o ser humano de um medo profundo diante do desconhecido e de tudo o que lhe escapa ao controle, particularmente a morte.

Esse aspecto decisivo da existência humana pode ser diariamente "trabalhado" na medida em que você se abrir, alegre e confiante, a todas as infinitas manifestações da vida, porque você deve viver para sempre.

# A idade escolar
# (Mercúrio)
## *7 – 13 anos*

# 6. LUCIDEZ

*Decepção:* Ao ingressar na escola a criança descobre um mundo novo, até então supervalorizado por influência dos pais – principalmente da mãe.

Idéias adquiridas, sonhos e expectativas ajudaram a compor um quadro da nova vida que agora será obrigatoriamente posto à prova. Mas a impressão resultante pode ser negativa: "Eu imaginava uma coisa muito diferente", dirá a criança, e a conseqüência pode ser um sentimento de decepção.

Você nunca percebeu que muitas vezes ficamos decepcionados com a atitude das pessoas, com as nossas condições de vida e trabalho, com o lugar ou país onde vivemos? Contra quem se volta essa nossa tendência de criticar as coisas tão duramente? Em vez de dar livre curso ao mau humor não seria melhor tentar, em todas essas situações, pôr um fim ao mal-entendido?

Devemos ser gratos à experiência, que nos ensina a deixar de lado nossas certezas e expectativas, freqüentemente infundadas, em troca de uma visão mais clara e lúcida das coisas.

# 7. INVULNERABILIDADE

*Vulnerabilidade:* Na fase do crescimento toda pessoa se dá conta, mais cedo ou mais tarde, das agressões que fazem parte da vida. Essas agressões são sempre duras de suportar, quer se trate de um joelho machucado ou das brincadeiras ofensivas dos colegas de escola.

Nesses casos, é grande a tentação de se fazer de vítima, sobretudo se você tem o costume de sempre se achar mais atingido que os outros.

Acaso não será uma especial sensibilidade o que o faz precisamente atrair essas agressões? Nesse caso, já é tempo de perguntar-se: "Qual o verdadeiro alvo dessa agressão? Por acaso eu (que me considero uma pessoa tão especial e importante) sou a tal ponto vulnerável?!" As feridas da alma e do corpo, que acabam sempre por se curar, deixam freqüentemente cicatrizes: não para nos lembrar das dores passadas, mas principalmente para que nós, seres viventes, nos conscientizemos de que, na verdade, podemos ser invulneráveis.

# 8. PERSEVERANÇA

*Desânimo:* Todo ser humano possui, desde o berço, uma série de qualidades, que mais tarde o ajudarão nas tarefas que vai enfrentar na vida. Até o pleno desenvolvimento das suas capacidades, porém, pode ocorrer que uma simples repreensão, uma apreciação negativa dos professores ou colegas seja suficiente para provocar na pessoa um sentimento de desânimo. Isso não é nenhuma tragédia, mas o panorama pode ficar sombrio se a pessoa ofendida – que talvez seja você – passar a considerá-lo assim. "Não me saio bem nos esportes, não acerto os cálculos, não sei cantar nem conversar direito..." E isso pode se repetir ao longo de toda a vida.

Os insucessos, quaisquer que sejam, representam o nosso melhor aprendizado, mesmo que nos lamentemos por sua causa. Eles mobilizam as nossas verdadeiras energias, encorajando-nos a perseverar e a fazer deles o tesouro da nossa consciência.

# 9. AUTO-ESTIMA

*Repressão:* No mundo, uns são mais fracos e outros mais fortes. As plantas maiores crescem e se desenvolvem cobrindo as menores, que vivem modestamente à sua sombra.

Na sala de aula, a criança sente-se freqüentemente reprimida pelo grupo, como se estivesse impedida por uma barreira sem o direito de se manifestar ou liberar as suas forças. Esse tipo de experiência comunica rapidamente uma sensação de impotência e faz com que a pessoa ponha em dúvida a sua própria personalidade. Você também já passou por essa situação?

Como você, essa criança reprimida também tem suas potencialidades, que melhor se desenvolverão interiormente, de modo discreto e sem alarde, e por isso são mais valiosas. Se você não consegue desenvolver a sua personalidade como gostaria, pergunte a você mesmo quais são os dons e características pessoais que pode cultivar agora e tente se conscientizar do seu próprio valor.

É nesse terreno que você vai prosperar, e lançar nele a semente fecunda da sua auto-estima.

# 10. CONHECIMENTO DE SI

*Manipulação:* Você é capaz de agir e pensar livremente? É comum a criança em idade escolar gostar mais de alguns professores do que de outros. Mas essa criança também pode, muitas vezes, ser impelida a um caminho para ela desconhecido, o que pode provocar irritação e resistência.

Tal como essa criança, você também está sujeito à manipulação da mídia, num mundo cheio de propostas atraentes e tentadoras. Você é capaz de assumir uma posição diante de tudo isso? Tem consciência do que pensa e sente, já sabe o que é melhor para você? Ou é dos que precisam passar primeiro pela experiência, talvez amarga, de deixar-se levar por chamados desconhecidos?

Antes de tomar uma decisão, reflita. Mantenha por um momento seus olhos fechados para o mundo e fique atento à sua voz interior. Essa voz de dentro do seu coração o ajudará pouco a pouco a conhecer o seu próprio eu e a nunca se deixar manipular por nada.

# A puberdade
# (Vênus)
## *14 – 20 anos*

# 11. COMPREENSÃO

*Conflito:* Ao entrar na puberdade, a pessoa passa a atribuir uma importância central às questões relacionadas com a própria sexualidade. Isso leva o jovem a uma situação de duplo conflito: de um lado, com respeito ao seu próprio papel, na medida em que passa a se reconhecer como homem ou mulher; e do outro, com respeito ao outro sexo. Trata-se de um assunto com o qual lidará ao longo de toda a sua vida.

Os dois diabinhos ficam frente a frente, cruzam os chifres e, com o dedo em riste, cada um se diz incapaz de suportar o outro e ambos se acusam mutuamente.

Sempre que você se deparar com uma situação de conflito vai enfrentar o mesmo desafio. Você vai precisar se esforçar cada vez mais para compreender o outro e, ao mesmo tempo, em vez de acusá-lo, fazer com que ele também o compreenda. Agora você pode ver mais claramente onde e como vigiar a si mesmo. Numa relação de reciprocidade, você deverá defender a sua posição e, ao mesmo tempo, agir de forma a abrandar o seu antagonista. Ele também se tornará mais compreensivo, deixando de ser um oponente para ser simplesmente o outro lado dessa relação.

# 12. ÂNIMO

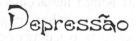

*Depressão:* A idade em que o jovem se transforma física e psicologicamente, quando quase sempre despontam novas esperanças, desejos e ideais, é também um tempo em que aumentam as dúvidas e dificuldades. Você se acha incapaz de enfrentar os desafios que se apresentam, fica deprimido, pensa em renunciar às coisas e duvida até de si mesmo.

E, no entanto, essas dificuldades é que o ajudarão, na medida em que podem representar a ocasião para você revisar seus planos, talvez demasiado ambiciosos, e adaptá-los às suas reais possibilidades. Nesse sentido, cada obstáculo que se apresenta, dentro ou fora de você, é uma prova de força que o tornará mais seguro e consciente de si.

Portanto, não se deixe abater pela depressão e enfrente com ânimo elevado e consciência clara as novas situações que você terá pela frente.

# 13. RESPONSABILIDADE

*Culpabilidade:* Às vezes você se sente culpado por achar que fez algo ruim ou que não agiu de acordo com sua consciência? Nunca lhe aconteceu que outra pessoa, talvez seu melhor amigo ou a pessoa de quem você gosta, o acusasse de tentar enganá-lo – ou que, ao contrário, você mesmo acusasse os outros?

Sentimentos de culpa pesam muito e podem ser causa de aflição durante toda a vida, tornando-se uma verdadeira doença. Diante deles, tente agir com equilíbrio e ver as coisas com clareza.

Qualquer pessoa pode cometer um erro ou desvio de conduta. Trata-se de uma experiência pela qual todos passamos e que nos ensina a encontrar a resposta certa para os desafios da vida, implicando a responsabilidade de cada um perante si mesmo e os demais.

Esse esclarecimento do espírito o ajudará a se livrar do peso da culpabilidade e concluir que o sentimento de culpa nasce das nossas próprias idéias e não de uma verdadeira consciência da vida.

# 14. SATISFAÇÃO

*Desejo:* Acontece de repente. Quando você menos espera, fica fascinado por um filme ou uma imagem que viu no bar, na rua, num painel publicitário, e já não consegue livrar-se da impressão recebida. É como se você tivesse finalmente encontrado o que sempre sonhou e não quisesse de nenhum modo deixar passar a oportunidade.

O objeto do seu desejo pode ser uma pessoa (alguém que você quer para companheiro), um carro ou qualquer outra coisa que o atraia. Seja o que for, tal anseio será sempre revelador de uma necessidade ou carência, que nesse momento exige uma satisfação proveniente do exterior.

Por muito valioso que seja, o que você precisa não se encontra no mundo que existe fora de você. A verdadeira satisfação só será alcançada quando você passar a ser feliz com o que possui dentro de si. Por isso, é preciso acreditar que todas as coisas que você almeja virão no momento certo.

# 15. DEDICAÇÃO

*Rejeição:* Nunca lhe aconteceu de ser rejeitado, quando criança, pelos colegas de escola ou, já mais crescido, por aquelas pessoas a quem você mais estimava? Quando isso acontece, logo vem um diabinho e sopra no seu ouvido a idéia de fugir e esconder-se. Essa experiência pode tornar-se tão freqüente que você passa a achar que a sua vida é uma tragédia.

Mas a rejeição também nasce exclusivamente dentro da pessoa, pela forma como ela se relaciona consigo mesma. A idéia que você faz de si mesmo corresponde ao que você é realmente? Seu corpo lhe parece menos esbelto ou bem proporcionado, menos bonito que os modelos das revistas? Sua capacidade e realizações estão abaixo das suas expectativas?

Venha de dentro ou de fora, a rejeição só terá remédio se você se dedicar a si próprio. Contudo, não para julgar ou criticar, e sim, com gratidão, sabendo reconhecer o tesouro que, interna e externamente, integra todos os aspectos da sua personalidade. Talvez você não saiba que é uma pessoa única e sem igual no mundo, diferente de todas as outras. Sua vida e tudo o que existe em você só poderá brilhar pelo seu afeto e dedicação.

# 16. HARMONIA

*Desequilíbrio:* Da alegria extrema à tristeza mortal: todo ser humano oscila entre esses dois pólos. Em especial na puberdade, tempo de experiências múltiplas e variadas, o estado de ânimo e as opiniões mudam num piscar de olhos, tal como muda constantemente de direção um cata-vento ou o fiel de uma balança, que estão sempre em movimento.

Em tais casos, é sempre bom você se recolher um momento e sentir a intensidade da própria respiração. Tente perceber até que ponto se equilibram mutuamente o esforço do movimento inspiratório e o relaxamento proporcionado pela expiração. O mesmo se dá com você, que precisa obedecer sempre às duas tendências: de um lado, a sua maravilhosa energia produtiva, que lhe dá disposição para vencer na vida, e, do outro, uma tendência contrária, que atua alternativamente no sentido da moderação e do recolhimento.

É possível alcançar dentro de você aquele feliz meio-termo que representa a harmonia entre o exterior e o interior, entre o dinamismo e a moderação.

# Desenvolvimento pessoal (Sol)
*21 – 27 anos*

# 17. PACIÊNCIA

*Impaciência:* O olhar irritado que o diabo lança ao relógio diz tudo. "Aonde vai você com toda essa pressa?!" Outras vezes, com igual impaciência, o que ele quer saber é por que você faz as coisas tão devagar.

Essas interpelações despropositadas – que todos nós já ouvimos mais de uma vez – apontam para uma atitude de desacordo na qual reside precisamente a causa da impaciência. A pessoa acha que "já é tempo de mostrar indignação", esquecendo que o tempo é apenas um símbolo do ordenamento ao qual nos devemos submeter.

Como todo mundo, você também sente necessidade de decidir sobre a sua vida de modo independente, mas esbarra todos os dias com limitações de tempo, família, vida profissional, além das suas próprias debilidades. Então, você espera com impaciência pelo fim de semana, as férias, a aposentadoria; e, enquanto acumula motivos de desapontamento, esquece que por trás de cada decepção pode estar um diabinho.

É bom dar-se conta a tempo de que nossas dificuldades não decorrem somente das limitações que encontramos, pois também temos nossa parte de responsabilidade. Quanto mais cedo reconhecermos esse fato, mais seguramente poderemos, com tranqüilidade, avançar passo a passo na vida.

# 18. MODÉSTIA

*Arrogância:* Ao sentir que chegou à idade adulta, a pessoa é interiormente tentada a se imaginar num pedestal, como se quisesse afirmar com isso o seu valor. A mesma atitude, porém, também se nota no seu relacionamento com os demais, levando-o a exigir coisas que ainda não é hora de você reivindicar.

Pode tratar-se de coisas materiais, cuja aquisição naturalmente esbarra no pouco dinheiro disponível, mas a situação é mais grave quando entram em cena a família, os amigos, o trabalho. É aí que a arrogância se volta contra outras pessoas sob a forma de protestos e atitudes de rejeição.

Ao longo da vida, estaremos sujeitos a cair de novo na mesma armadilha. É o que acontece, por exemplo, quando realizamos coisas que despertam o nosso orgulho.

Como se aprende a praticar a modéstia? Ser modesto não significa humilhar-se diante dos outros ou ter vergonha de mostrar o próprio valor. Muito mais do que isso, ser modesto consiste em você se aceitar como é, sem abrir mão do que conseguiu por seu próprio esforço e capacidade. Para tanto, você deve reconhecer a si mesmo e agradecer intimamente ao Criador e a todos os que o ajudam a construir o seu caminho. Assim, com modéstia e sem precipitação, você seguirá em frente no aprendizado da vida.

# 19. VIGILÂNCIA

*Crise:* Quando uma crise o abala, o diabinho é incapaz de perceber que essa situação significa uma mudança decisiva e constitui, ao mesmo tempo, um risco e uma oportunidade.

São freqüentes na vida as ocasiões de crise que desafiam a nossa capacidade de resistência. Você é capaz de permanecer fiel aos seus valores, à sua visão do mundo e aos pontos de vista quando tudo isso é questionado? Se você já atravessou uma crise na casa dos seus 20 anos, certamente essa rica experiência o capacitou para enfrentar desafios futuros.

Em que consiste a vigilância numa circunstância difícil? Consiste em saber resistir diante de uma doença ou da perda do seu emprego, em não ceder diante da perda de um bem muito estimado ou mesmo de um ente querido. Esteja atento para não se desviar da sua linha de conduta, pois somente ela poderá ajudá-lo a entender o significado dos incidentes da vida e perceber como eles influenciarão, no futuro, o caminho para a consecução de novos objetivos.

Todos os riscos desta vida são também oportunidades de renovação e um estímulo para você seguir adiante.

# 20. HUMILDADE

*Orgulho:* Você certamente já se perguntou se os seus êxitos e realizações não lhe dão o direito de se sentir superior. Em vez de ceder à tentação de menosprezar aqueles que lutam na vida ao seu lado, você deve, ao contrário, ficar feliz por fazê-los participar das suas alegrias. O orgulho transforma-se com muita facilidade numa atitude de soberba. Considerando-se acima dos demais, a pessoa exagera a própria importância e passa a sentir desprezo pelos que ficaram atrás no caminho.

Intolerância e orgulho têm pés de barro. O que no fundo todos desejamos, o que de fato buscamos é a aprovação do nosso próximo e o direito de viver à nossa maneira, sem sermos diminuídos por suas críticas e apreciações.

Na medida em que você tem consciência de que todos somos imperfeitos e passíveis de erro, de que é preciso esforço para cumprir as exigências da vida, é possível esquecer o orgulho e munir-se de coragem para encarar a própria realidade. Isso implica ser compreensivo no relacionamento com as outras pessoas, que também têm, como você, um lado de luz e outro de sombra, um lado forte e outro fraco.

# 21. DESPRENDIMENTO

*Inveja:* Não há nada que deixe o diabo tão despeitado quanto o fato de alguém possuir alguma coisa que ele não tem. A isso se chama inveja, um tipo de sentimento ao qual você nunca estará totalmente imune, sobretudo quando outra pessoa alcança uma boa situação que para você, apesar de todos os seus esforços, permanece inacessível. Você dirá que ela nada fez para merecer o que tem e conclui que, evidentemente, os bens deste mundo estão muito mal distribuídos.

Inveja

Num primeiro momento, os acessos de inveja não se manifestam abertamente. Você repara a roupa e a forma de se apresentar da outra pessoa, percebe que tem menos do que ela e é tomado por um sentimento de inferioridade. Sendo as pessoas diferentes umas das outras, é natural que o convívio humano se dê por meio dessas diferenças.

É hora de prestarmos atenção às nossas reações, buscando identificar o que intimamente sentimos ao constatar que outra pessoa conseguiu algo que ambicionamos. Se nos sentimos diminuídos, se perguntamos: "por que ele e não eu?" – a resposta imediata deve consistir em trocar de sintonia e encarar desinteressadamente o sucesso alheio. Você vai perceber o quanto é libertador esse desprendimento, que passará espontaneamente a ser a sua atitude habitual diante do mundo.

# A fase da competição (Marte)
## 28 – 34 anos

# 22. RECONHECIMENTO DO PRÓXIMO

*Vaidade:* Ao constatar, diante do espelho, que você tem boa aparência, não saia dali pensando que você é a pessoa melhor e a mais bonita que existe sobre a face da Terra.

Mesmo que você tenha alcançado uma posição destacada em sua carreira e se sinta seguro de si, deve considerar que ainda tem a percorrer caminhos novos e desconhecidos. A vaidade, que cega as pessoas, pode impedilo de reconhecer a contribuição que outros lhe têm dado ao longo do seu trajeto. Você esquecerá o Criador que lhe deu um corpo saudável e a sua boa aparência, além de todas as outras qualidades que você possui.

É por meio da gratidão que você se tornará suficientemente modesto para estimar aqueles que caminham ao seu lado e reconhecer o valor do seu próximo. Ela será também uma proteção para quando você tiver de defender as suas conquistas contra qualquer tipo de risco, venha de dentro de você ou do exterior.

# 23. FORÇA INTERIOR

*Abatimento:* Você se sente forte e seguro de si, senhor de suas forças e das circunstâncias de sua vida, quando subitamente, como se o chão cedesse debaixo dos seus pés, fica impotente e as coisas parecem escapar ao seu controle.

Independentemente do seu ramo de atividade, isso pode acontecer em qualquer fase da vida como conseqüência de uma debilidade ocasional, um acidente ou mesmo um retrocesso nos seus negócios. Em qualquer desses casos (e freqüentemente o caso é sério) a sua concepção de universo é abalada – mesmo que isso aconteça num processo demorado. Aí surge a pergunta desesperada: "Em quem ainda posso confiar, como posso restaurar a minha imagem pessoal?"

A resposta está no interior de cada um. Esse é o único lugar que permanece por toda a vida sob o seu domínio e nunca é afetado pelo abatimento. A força interior que reside no seu coração é capaz de resistir a tudo, bastando que você a resguarde e se mantenha no caminho do bem para alcançar clareza de visão.

Se abordamos este tema é para que você adquira consciência da fragilidade das coisas exteriores e materiais, que são transitórias, e seja capaz, de agora em diante, de basear a sua construção pessoal nas suas próprias forças, sempre que delas necessite.

# 24. CERTEZA E CONFIANÇA

*Desalento:* Quem nunca passou por uma dessas fases em que todas as nossas iniciativas parecem inúteis e condenadas ao fracasso? Num primeiro momento, parece que se trata apenas de um período de má sorte, desses que só ocorrem excepcionalmente. No entanto, se os reveses se tornam freqüentes, a pessoa cede aos poucos e perde a vontade de resistir, não demorando muito para que, desencorajando-se por completo (como, aliás, o diabo gosta), pense em baixar definitivamente os braços. Não haverá para esta situação uma receita ou remédio mágico que nos ajude a recuperar o espírito de luta?

Quando você está doente, pode necessitar de uma pausa para refrescar as idéias e repensar as coisas. Pois aqui se dá o mesmo: contemplar os fenômenos da natureza e observar as mudanças climáticas é como assistir num teatro à alternância entre os seus momentos de coragem e os de fragilidade. Você verá, após um longo e sombrio período de desalento, o sol subitamente reaparecer e o céu de novo se tornar azul.

Ao encontrar dentro de si mesmo a certeza interior você, que recebeu o dom da vida, vai acreditar que é possível deixar o vale de sombras e subir de novo ao topo iluminado da montanha.

# 25. AMOR

*Inimizade:* Quando a pessoa vive num clima de hostilidade, em pouco tempo se sente oprimida e pergunta como pode uma situação evoluir tão negativamente. Tudo tem início, em geral, com pequenas coisas que você repara nos outros e o desagradam, ou vice-versa. Um comentário deselegante, um riso fora de propósito, um vago sentimento de rejeição, mas também a suposição de que os outros pensam mal de você, tudo isso vai se acumulando até tornar a atmosfera carregada. O enredo continua por meio de acusações recíprocas, que não servem senão para fazer piorar tudo e reforçar os antagonismos.

Você já viveu uma situação dessas? Costuma-se dizer no Tibete que, se você quer que alguém deixe de ser seu inimigo, deve procurá-lo e falar com ele, buscar a sua companhia, tentar conhecê-lo. Esse é, sem dúvida, o caminho que mais facilmente leva do antagonismo ao entendimento. Entretanto, lembre-se de quanto cada pessoa anseia pelo amor e dele necessita. Com isso você construirá, dentro de você mesmo, a ponte da compreensão que o aproximará dos outros, consciente de que eles também desejam a mesma mudança.

Transmitir amor por todos os meios ao seu alcance. Vale a pena tentar esse gesto, pois ele sempre será bem recebido e você conseguirá abrandar o temperamento da outra pessoa, por mais rígido que seja.

# 26. SERENIDADE

*Cólera:* Onde se detém o impulso que faz o sangue ferver nas veias e acaba resultando numa explosão de ódio? Acessos de ira como esse, que podem ser desencadeados por uma pessoa, uma notícia ou incidente desagradável, tendem a se exacerbar e escapam a todo controle. Você é dos que nesse caso se deixam arrebatar e liberam suas emoções com violência e aos gritos, vociferando e desperdiçando inutilmente a sua energia? Com tal atitude, você conseguirá apenas um alívio imediato, mas não um remédio definitivo para o seu estado de ânimo; e o erro ou ofensa que o atingiu continuará alimentando um profundo mal-estar no seu íntimo.

A primeira coisa a fazer é reconhecer que você se excedeu e, a partir daí, buscar uma solução que o deixe mais calmo. Assim você poderá mais facilmente considerar à distância todo o ocorrido, desde o início até às conseqüências finais, e talvez venha mesmo a sorrir interiormente quando concluir que se deixou levar por um impulso cujo resultado final foi uma tempestade num copo d'água.

Essa pausa para reflexão traz um apaziguamento quase imediato. Isso lhe permitirá, numa próxima oportunidade, deixar passar tranqüilamente a irritação inicial, o que será muito melhor para você e todos os outros.

# 27. PERDÃO

*Ressentimento:* Se você tem raiva de uma pessoa, quer estar constantemente no encalço dela, porque ódio e desejo de perseguição caminham juntos. Com o pensamento e as energias sempre de prontidão, você vive empenhado numa caçada sem trégua contra a outra pessoa.

Na maioria das vezes, essa onda irresistível começa com um aborrecimento inicialmente reprimido por temor ao confronto, que acaba evoluindo para a agressão. O efeito colateral do mesmo processo é o ódio de uma pessoa contra si mesma. Mas, como pode o ser humano chegar a este ponto? Se você é capaz de questionar a si próprio, saberá dominar tanto esses impulsos agressivos quanto sentimentos de culpa. Você já se esqueceu de que é capaz disso, e que vale a pena tentar?

Há um antigo ditado dos gregos que diz: "Todos nos reencontraremos para nos odiarmos menos e amarmos mais do que antes!" (Essa é uma alusão a um reencontro em outras vidas.)

Como todo ser humano – você deseja paz interior e esta você só pode encontrar se perdoar as pessoas que você mais odeia!

Repita consigo mesmo, ao acordar e ao se deitar, antes de adormecer: "Eu o perdôo de todo coração. Eu o perdôo sem restrições de tudo o que me aconteceu por sua causa. Você está livre de toda culpa. Eu estou livre, você está livre. Que todos nós possamos viver com sorte e alegria!"

# Busca existencial (Júpiter)
*35 – 41 anos*

# 28. VERDADE INTERIOR

Presunção

*Presunção:* Tendo acumulado uma boa dose de experiência pessoal e profissional, você acaba de ingressar num estágio da vida em que a sua personalidade será também um fator decisivo. Você se olha no espelho e se considera uma excelente pessoa. Embora possa ser apenas simbólica, essa imagem tem o valor de uma advertência. Você é levado a comparar suas conquistas pessoais, seu valor próprio, sua cultura e aparência com as das outras pessoas, passando a exagerar a própria importância. Sentindo-se um privilegiado, você acha que já não encontrará qualquer dificuldade, que nunca vai ficar "por baixo" nem terá muito mais a aprender e, com isso, não se dá conta da escalada que ainda tem pela frente.

Sempre que você se sentir superior aos outros ou mais digno de elogios, deve ter em mente o quanto conseguiu alcançar até esse momento.

Todos estamos no mundo para aprender a partir das diferenças que nos separam uns dos outros, mas também dos atritos e divergências que delas resultam, e mal podemos imaginar o quanto ainda nos resta fazer por este caminho afora.

A única verdade que conta realmente é a que está dentro de você. Se você ouvir a sua voz interior, reconhecerá essa verdade e saberá se está trilhando o seu próprio caminho e se será capaz de persistir nele.

# 29. REALIDADE

*Aparência:* Você dá valor à sua autenticidade ou é dos que gostam de se enfeitar com os ornamentos alheios e aparentar o que não têm?

Nossa época, dominada pelos meios de comunicação, está inundada de sugestões e imagens de uma vida competitiva cujo objetivo é iludir as pessoas.

O estímulo ao consumo supérfluo tornou-se tão comum e insistente que acaba passando quase sempre despercebido.

O que você tem de mais importante é a sua retidão e integridade, que o ajudam a conservar a sua verdadeira personalidade num mundo de aparências. Você não pode ter vergonha de se mostrar como é e de contar com você mesmo, com sua família, seus amigos e o que você conquistou ao longo da sua evolução pessoal. Isso terá o efeito prodigioso de fazer os outros agirem com você da mesma forma, sem disfarçar o que são nem esconder suas qualidades.

Mostrando-se claramente como você é, sem presunção nem falsa modéstia, você estará acenando positivamente para a realidade.

# 30. ACEITAÇÃO

*Aversão:* Um prato desconhecido ou uma comida estragada podem provocar em você uma forte aversão e até repugnância.

Reagimos exatamente da mesma forma quando não gostamos de alguém: "Ao me lembrar dessa pessoa, logo me sinto mal." E se a coisa vai mais longe, você dirá, abusando da linguagem figurada, que tal pessoa lhe provoca até "ânsias de vômito".

Essa reação negativa pode ter cura. Você não é obrigado a comer um prato de que não gosta, mas é possível aceitar uma pessoa não muito simpática ou um trabalho maçante sem se sentir tão incomodado.

A sabedoria antiga ensina que integramos à nossa experiência exatamente as pessoas, coisas e acontecimentos novos com os quais, casualmente, nos deparamos pela primeira vez e de que necessitamos para suprir nossas carências.

Portanto, tente transformar a aversão em interesse pelos outros, buscando descobrir nelas o que ainda é desconhecido para você. Mostrando-se flexível e aberto ao que é novo e interessante, com certeza um dia você encontrará a pessoa ou o bem que mais espera, e, nesse momento, estará preparado para aceitá-los.

# 31. INTUIÇÃO

*Incompreensão:* Estamos sujeitos a sofrer a incompreensão alheia em todas as situações e momentos da vida. Algumas vezes, nossos desejos esbarram na recusa dos outros porque ninguém entende o nosso problema, mas freqüentemente é de nós mesmos que parte a incompreensão. Cada pessoa tem um ponto de vista próprio e irredutível que determina o seu modo de encarar as coisas.

Diante de um problema, podemos ser tentados a ficar só com a nossa opinião, sem querer saber o que os outros pensam. No círculo estreito das relações familiares esse tipo de atitude logo acarreta conflitos intransponíveis, que se tornam ainda mais freqüentes por causa da proximidade que a vida em comum impõe às pessoas nas sociedades humanas.

Já na infância nos vemos às voltas com as "incompreensíveis decisões" dos adultos. Cada um, porém, terá mais tarde a tarefa de buscar uma abertura para o que é novo e desconhecido, a fim de expandir o pensamento e o espírito à medida que entra em contato com novas descobertas. Assumindo essa mesma atitude, todos vão poder chegar a uma forma de entendimento que enriquecerá a cada um e, se tudo der certo, a convivência entre as pessoas ficará mais fácil e agradável.

# 32. VITÓRIA INTERIOR

*Derrota:* Em qualquer momento da vida podemos conhecer uma derrota. Estamos sujeitos a isso como pessoas, ao frustrarem nossos projetos individuais, mas também como seres humanos, nas lutas da vida. Até mesmo os povos nas guerras passam pela mesma experiência. O que há de comum em todas essas situações é que deixam a pessoa deprimida e com uma sensação de abatimento, sem que isso signifique, porém, que todas as esperanças estão perdidas. O diabo também pode levantar a bandeira branca e pedir tranqüilidade e moderação.

Quando a pessoa não é dominada à força e se rende voluntariamente, consegue cedo ou tarde recuperar-se. Mas se é derrotada com luta, será necessário um esforço maior. Evite cair na tristeza ou na depressão e pense que sempre pode ser necessário tomar decisões duras num momento ou noutro. Todos os que lutam têm seu mérito. Se você perdeu um combate após lutar com todas as suas forças, deverá buscar a compensação numa vitória interior. Depois de vencer esse desafio pessoal, tente aceitar a vitória do seu adversário e congratular-se com ele. Assim, cada um terá vivido essa experiência à sua maneira, e tanto você como o outro sairão moralmente vencedores. Sua força interior vai ficar restabelecida e será de grande valia em outros momentos da sua vida.

# Crise
# (Saturno)
## *42 – 48 anos*

# 33. FLUXO DA VIDA

*Bloqueio:* Alguma vez você já se viu obrigado a interromper bruscamente o seu percurso por causa de um obstáculo? Tem, às vezes, a impressão de que há sempre uma pedra no caminho das suas realizações? Como é que você reage nesses casos?

Você pode tentar a todo custo afastar do caminho a pedra ou o obstáculo, mas também pode refletir sobre o melhor modo de mudar de rumo e seguir adiante.Você também pode se resignar e desistir da viagem.

As dificuldades que todos encontramos são inevitáveis e fazem parte do aprendizado da vida. É verdade que de início elas trazem aborrecimento, mas logo se torna claro que os contratempos também têm sua razão de ser, porque nos ajudam a abordar os problemas com mais prudência.

Mas o que não vem de fora e pode ocorrer dentro de nós mesmos é um bloqueio da nossa consciência e disposição para a vida. Quando atravessar uma fase dessas, será necessário voltar-se para o fluxo da vida que existe dentro de você, tentar perceber como essa corrente muitas vezes o ajuda a ir adiante e, outras vezes, também se torna mais calma, menos impetuosa. Portanto, abandone-se inteiramente a ela e com renovada confiança e deixe-a retomar o seu curso.

# 34. AUTO-ACEITAÇÃO

*Culpa:* Muitas pessoas, achando que não são prestativas ou boas o bastante e que os outros são mais generosos, alimentam sentimentos de culpa e desejos de autopunição. Trata-se de um sentimento negativo que está muito enraizado na consciência da nossa sociedade, particularmente entre as mulheres. Se você é dessas pessoas que sempre se sentem culpadas, tire dos ombros essa pesada herança que o diabo nos passou. Chegou a hora de você se recuperar e questionar o porquê desse estado de espírito que se volta contra você mesmo.

A culpa tem menos a ver com o erro ou a maldade do que com uma questão de equilíbrio. Porque é necessário equilíbrio entre inspiração e expiração, entre luz e sombra, entre o que é pesado e o que é mais leve. Sempre precisamos das duas coisas, cada uma no devido momento.

Se formos intimamente gratos e reconhecidos aos que nos têm apoiado ao longo da nossa evolução pessoal, já teremos conseguido muita coisa.

A nossa maior dívida, porém, é para com o Criador, que com o seu extraordinário poder nos pôs no mundo, nos guia e protege. Esta forma de gratidão não se traduz por meio de orações, bastando que você seja capaz de aceitar a si próprio, reconhecer o seu valor e dizer: "Eu sou uma pessoa boa e honesta que merece ser estimada."

# 35. AUTONOMIA

*Dependência:* Você sabe a causa da sua dependência? Se tem algum vício ou mania, já tentou alguma coisa para superá-los? O sentimento de carência que existe por trás disso pode ter os mais variados motivos e se manifestar de diferentes maneiras, mas sempre se relaciona com alguma coisa de que você necessita para ter prazer ou satisfação. Algumas pessoas são viciadas na bebida, no cigarro ou nas drogas, e outras têm vícios menos arriscados, como doces, compras ou jóias. Existem também aqueles cuja paixão é o próprio companheiro ou companheira. Mas essa busca esconde um anseio muito diferente, que tem a ver com o impulso para o amor, o reconhecimento e a doação pessoal.

Sabendo que a dependência lhes tira a liberdade, essas pessoas não vêem nenhuma saída para o seu problema. Se você quer achar a saída, precisa saber que a solução está em você mesmo e não pode ser substituída por nada que venha de fora.

Como todo mundo, você tem a possibilidade, o talento para ser independente e progredir por seus próprios meios. Isso não significa alcançar uma boa situação profissional, mas libertar-se emocionalmente dessa necessidade, que muitas vezes acompanha a pessoa como uma sombra desde a infância até a idade adulta.

Para você, que é uma pessoa íntegra e independente, chegou a hora de se libertar e encontrar o que você busca.

# 36. CERTEZA INTERIOR

*Dúvida:* O diabo sempre vem com uma interrogação.

A dúvida costuma ser contagiosa. Se afirmamos uma coisa e o nosso interlocutor faz uma cara de quem não acredita muito, ficamos logo na incerteza sobre o que afirmamos. Pior do que isso é deixar o diabo influenciar a nossa autoconsciência ou a idéia que temos de nós mesmos. Quando a pessoa sente uma dor ou mal-estar, começa infalivelmente a se perguntar se está doente ou com saúde e se essa dor ou mal-estar é sintoma de alguma doença grave. Basta se deixar impressionar por isso, e o diabo logo começa a ganhar terreno. A pessoa fica pensativa, vai se fragilizando e pode até ficar doente de verdade.

Como em quase tudo na vida, aqui também se trata de descobrir onde está a origem do problema. A sabedoria antiga ensina que a nossa razão ou compreensão das coisas é uma excelente ajuda, mas também é má conselheira.

Você deve formar o seu pensamento a partir da sua verdade interior e daquilo que você sente intimamente no coração. Assim você poderá encontrar aquela certeza interior que o ajudará, com clareza e simplicidade, a manter a sua opinião sem se deixar influenciar pela dos outros.

# 37. FLEXIBILIDADE

*Intransigência:* Seria ótimo se as pessoas que se aferram às suas idéias fossem capazes de reconsiderar as coisas.
Muitas mulheres têm problemas de garganta ou sentem dores no pescoço ou nas costas. Que espécie de síndrome é essa?
As mulheres não são intransigentes. Ao contrário, elas têm tendência a adotar um comportamento tradicional, acatar o que manda a família e aceitar as imposições do mundo masculino. Mas essa submissão é raramente sincera. Na maior parte das vezes, é uma voz dentro delas que diz que é necessário agüentar firme as coisas, de modo que o chamado sexo fraco está sempre pronto a suportar o peso das agressões. A conseqüência disso são os problemas que referimos acima.

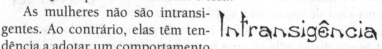

Já os homens, com algumas exceções, são em geral abertamente intransigentes e impõem a sua ferrenha vontade sem o menor escrúpulo.

Nenhum desses comportamentos favorece a convivência entre as pessoas. Como a flexibilidade é freqüentemente confundida com fraqueza de ânimo, o melhor é adotar uma espécie de flexibilidade relativa, que tanto pode fazer bem ao corpo como ao espírito.

Portanto, tente adaptar-se ao ritmo e às pressões do seu meio sem perder o equilíbrio interior nem desistir da sua verdade.

# Em busca do entusiasmo
## (Urano)
### *49 - 55 anos*

# 38. MODERAÇÃO

*Revolta interior:* É como um vulcão que entra em atividade: você sente uma agitação interior e já nem vê o que está à sua frente. Nada mais lhe interessa além dessa revolta cega que cresce em você contra tudo e contra todos.

Esse estado de ânimo anormal (e nada confortável) freqüentemente se declara de forma inesperada, mas também pode vir aos poucos. Até que ponto você é capaz de alimentar tal sentimento de revolta?

Ninguém pode dizer que está livre de passar por uma situação dessas, mas o que você precisa nesses casos é de um distanciamento em relação ao cotidiano, e para isso não é necessário tirar férias. Basta esquecer as suas preocupações por um breve espaço de tempo. Assim, antes de começar o dia, a primeira coisa a fazer pela manhã é "iluminar-se" interiormente durante alguns minutos. Imagine que uma luz brilhante penetra o seu coração e que todo o seu ser se enche dessa luz. Deixe-se envolver por ela como se fosse um manto protetor. Durante o dia você pode interromper periodicamente as suas tarefas e, de olhos fechados, respirar profundamente algumas vezes.

Deixe então que esse estado de calma e tranqüilidade tome conta de você, para ver como é possível surgir e crescer algo novo. Talvez seja este o momento de uma transformação sem igual em toda a sua vida. Esta mudança o levará ao encontro de um novo porto, aonde você deverá ir sem medo e com inteira confiança.

# 39. JUSTA VALORAÇÃO

*Indiferença:* "Para mim tudo é indiferente." Quem fala dessa maneira quer dizer que está entediado diante da vida, como se achasse que tudo vem a dar no mesmo? Ou quer apenas dar a impressão de estar acima de todas as coisas?

Em ambos os casos, a frase tem um sentido depreciativo. Originalmente, ela contém uma noção de equivalência, mas também pode ser que o hábito de dar cada vez mais importância aos valores materiais nos tenha tornado indiferentes às coisas (e também às pessoas) que apresentam pouca utilidade para nós.

Já é hora de pensar de outro modo. Comece agora mesmo a percorrer com o olhar as coisas que estão no seu quarto. Observe a mesa, o vaso de flores, a cadeira, o tapete. Em seguida o quadro e as cortinas, o caderno, o lápis, uma régua. Tudo tem o seu valor. Na natureza isso é ainda mais evidente. Se você olhar admirado para uma árvore majestosa, dificilmente vai reparar na planta rasteira que pisou. Se um céu carregado de nuvens o desagrada, naturalmente apreciará com alegria a luz do sol. A pessoa sempre diferencia entre o que é bonito e agradável e o que é secundário ou dispensável. Nunca se esqueça de que cada coisa, seja grande ou pequena, é única no universo e tem a sua importância. Assim, você saberá valorizar cada vez mais a sua personalidade, que é diferente de todas as outras.

# 40. RIQUEZA INTERIOR

*Ambição:* Quando fica cego de raiva, o diabo lança mão de todas as armas que consegue juntar. Ele não percebe que assim não conseguirá tirar proveito de sua vítima, pois tem de vigiá-la e mantê-la presa. O mesmo ocorre com a pessoa que se atira avidamente à mesa e mergulha no prato, comendo muito além do necessário e chegando até a passar mal por isso.

A figura desta página mostra que a ambição cria uma exigência insaciável nascida do vazio interior e se projeta muito além das nossas necessidades reais. Isso acontece não só com as pessoas, mas também em nível mundial, com os impérios econômicos e as nações que ambicionam expandir continuamente o seu poder e dominar o mundo inteiro.

O que você deve fazer para saciar essa fome? Para isso você deve recorrer de preferência à sua riqueza interior, em vez de cobiçar aquilo que a você faz falta mas pertence aos outros. Você possui uma riqueza que dificilmente se esgotará na sua vida: esse dom para ser alegre. Essa riqueza também está presente na sua fantasia, na múltipla e profunda experiência da paz e do amor. Todas essas coisas se oferecem a você para lhe proporcionar satisfação em cada dia da sua vida.

# 41. RESPEITO À VIDA

*Espírito de destruição:* O que faz com que uma pessoa, cega de raiva, seja capaz de arrebentar e destruir tudo? É fácil perceber, pelo que vemos em torno de nós, que a tendência ao uso da força tem aumentado muito, tanto nas famílias quanto, por motivos raciais ou religiosos, entre diferentes grupos humanos.

Com o aumento da densidade populacional no globo, a proximidade entre as pessoas é hoje muito maior do que em todas as épocas anteriores. Mas isso só se tornará uma coisa incômoda e irritante para as pessoas que estão em desacordo consigo mesmas e, por isso, sempre prontas a enxergar apenas rivais e inimigos contra os quais têm de se defender.

Esse processo, porém, só ocorre quando você se deixa levar por um impulso de raiva contra você mesmo e que pode destruí-lo, se uma voz não lhe lembrar que é preciso manter a razão.

A nossa vida é sagrada e pede atenção e respeito. A proximidade com as outras pessoas deve justamente conduzir-nos de volta a esse caminho. Tudo o que é vida tem um maravilhoso significado, que muitas vezes desconhecemos. Temos de voltar a ser capazes de admirar, como as crianças, esse indefinível Universo que a tantas pessoas passa despercebido. Este é o aprendizado inicial do respeito à vida, onde quer que ela se manifeste.

# 42. NOBREZA DE ALMA

*Enfrentamento:* Quando duas pessoas se desentendem de tal modo que cada uma lança contra a outra todas as suas armas, é muito difícil acalmá-las. Se você já presenciou ou viveu diretamente uma situação dessas, não sentiu crescer dentro de você esse clima de guerra?

Hoje em dia, uma palavra como "nobreza" soa fora de moda, chegando a parecer coisa da Idade Média. Uma característica do ideal de nobreza é a elevação moral e espiritual que nos faz respeitar o adversário (que também pode estar dentro de você) em vez de querer a destruição dele. Há exemplos dessa atitude na história dos grandes conflitos entre as nações.

Todo enfrentamento inevitavelmente pressupõe concepções e opiniões diferentes. Se essas divergências de opinião o levam freqüentemente a discussões acaloradas, chegou o momento de você se conscientizar do seu ponto de vista, a fim de passar da controvérsia irreconciliável para uma solução em nível diferente e mais elevado.

Com essa nobreza de alma, você vai deixar inteiramente de lado os motivos de desavença e encarar com novos olhos o conflito. Isso representará não só um alívio imediato, mas também a conquista de um espaço novo no qual será mais fácil encontrar a solução de problemas futuros.

# Dos valores materiais aos espirituais (Netuno)
*56 - 62 anos*

# 43. ESPÍRITO ATENTO

*Distração:* Imaginemos que uma pessoa participa de um grupo animado e, de repente, ouve alguém dizer em voz alta: "Hei, acorda!" A pessoa tem um sobressalto e logo percebe que estava totalmente alheia, com o pensamento muito longe dali. Isso já aconteceu com você? Quando ainda somos crianças, esse tipo de incidente freqüentemente nos coloca numa situação desagradável da qual logo queremos escapar. Fugir pode ser uma boa solução se a fuga significa que você se distancia intimamente de um ambiente pouco acolhedor para se recolher consigo mesmo. Talvez você goste de se refugiar na sua morada interior, mas deve ter cuidado para manter a consciência firme, sem se deixar levar nem se abandonar a surdas cogitações.

Existe um observador sereno e objetivo que pode ajudá-lo a refletir e conhecer melhor o que você pensa e sente, pois é para ele que se orienta a corrente dos seus pensamentos. Você precisa estar com o espírito atento para não se distrair, não ficar alheio nem perder o controle sobre a sua consciência, porque você não deve nunca se afastar da sua realidade interior.

# 44. DINAMISMO

*Indolência:* A inércia que toma conta do diabo não tem nada a ver com o sadio relaxamento que alivia a tensão acumulada num dia de trabalho. Quando já não há nenhum sinal de alegria em você, a indolência pode ser uma forma de expressar a sua oposição ao mundo em que vivemos. Mas esse ar de cão abatido significa que já não há em você nenhuma disposição para reagir e recobrar a coragem. E a nossa atitude exterior reproduz o que sentimos interiormente. Como agir quando esse estado de espírito faz com que você se sinta fraco e miserável? Será que o único caminho é perder o ânimo, achando que tudo está perdido? Quando você pensa que não há mais nada a fazer, o seu coração começa a bater com força para dizer que ainda lhe resta a vida.

Entretanto, sua respiração torna-se mais ofegante e outras coisas começam a acontecer. Uma voz suave desperta os seus pensamentos, uma melodia flutua no ar, a música chega até você. Seu corpo se reanima e você escolhe o CD de sua preferência, tanto pode ser de música clássica como popular. E o milagre se realiza. Você começa a balançar o corpo ao ritmo da música com disposição cada vez maior e, quando vê, já está dançando.

E então todos os seus sentidos despertam. Você readquire a consciência do mundo e de si próprio e encontra um novo dinamismo. O seu verdadeiro eu triunfou sobre a indolência do corpo.

# 45. FRANQUEZA

*Hipocrisia:* Mais do que se imaginar com uma coroa de virtudes na cabeça quando se olha no espelho (ver *Presunção*), aqui você vai além e finge para os outros que é uma pessoa virtuosa.

**Hipocrisia**

Ser virtuoso é possuir a virtude na sua totalidade. Quem está nessa condição não precisa de mais nada, é uma pessoa que já não tem defeitos e não comete mais erros.

Quando sentimos que uma pessoa não tem uma atitude franca, percebemos a sua hipocrisia e, a partir desse momento, deixamos de confiar nela.

Nesta época em que vivemos, é tão grande o desejo de libertação e de superação da mediocridade cotidiana que muitas pessoas se deixam facilmente levar pelas sugestões atraentes de certo mercado "esotérico" que nada tem a ver com o verdadeiro sentido do esoterismo.

O fato é que, hoje em dia como no passado, existem muito poucas pessoas verdadeiramente virtuosas – e não é nada fácil encontrar pessoas assim. O que há, e muito, são os falsos santos que se acham mais perto da verdade apenas porque têm um comportamento diferente.

Você deve ser sempre consciente do seu caminho e se esforçar para permanecer puro em todas as suas atitudes. Com isso você verá que, sem ser perfeito, você é uma pessoa íntegra e merecedora de estima.

# 46. AUTO-ESTIMA

*Autocompaixão:* Há pessoas que, julgando-se fracassadas e dignas de pena, freqüentemente se perdem numa atitude de autocompaixão, como se fossem umas pobres-coitadas. Essas pessoas sempre se sentem ofendidas e prejudicadas. Acham que nunca são estimadas pelos outros e vivem repetindo que ninguém as compreende.

Cada um de nós tem dentro de si uma criança, que volta e meia gosta de reaparecer. Na verdade, essa criança está sempre achando que os outros a esquecem e que ignoram as suas necessidades desde o dia em que, ainda no ventre materno, reclamou atenção para os seus medos, suas carências e seu sentimento de insegurança. Do íntimo de cada pessoa emerge, entretanto, não apenas a angústia da própria sobrevivência, mas também a intuição nas situações difíceis e o desejo de voltar a ser uma criança despreocupada, ingênua e cheia da alegria de viver.

Talvez você já tenha esquecido há muito tempo que esse outro lado do problema permite ver as coisas de modo mais justo, mas ainda é possível encontrar uma alternativa – ou uma via de retorno. Tente descer ao fundo dos seus sentimentos, mas não para se desfazer em lágrimas, e sim para dirigir a você mesmo o amor que existe no seu coração. Com isso, a fraqueza se converterá numa nova força que o sustentará inteiramente, e você estará livre para ser, ao mesmo tempo, o adulto que é e a criança que já foi.

# 47. CLAREZA

*Confusão:* "Tenho tanta coisa para pensar, tantos problemas a resolver que chego até a perder a cabeça." Não é motivo para surpresa que você esteja agora tão confuso. Possivelmente a sua própria cabeça, que tudo pode, o domina a tal ponto que você já nem consegue formar uma idéia clara das coisas. Se você constantemente acusa alguém ou se coloca na defensiva, se os mesmos temas e conflitos sem solução o impedem de ter paz até durante o sono, então é este o momento de rever a sua orientação interior. Mas como conseguir tal coisa?

Escolha um momento livre para se isolar dos outros e busque um local tranqüilo. Feche os olhos e imagine que, numa espessa floresta, você está às margens de um pequeno lago e contempla a superfície límpida e silenciosa da água. Então, como se fossem pedrinhas, lance à água os seus pensamentos, um após outro, e observe como os anéis que se formam na superfície alcançam progressivamente a margem. A cada novo gesto você se sentirá mais leve e despojado, e as coisas ficarão menos complicadas.

Quando a sua cabeça estiver confusa, você poderá repetir a qualquer momento esse exercício de libertação interior para ser capaz de sempre ver as coisas com clareza.

# Metamorfose (Plutão)
## *63 – 70 anos*

# 48. TERNURA

*Crueldade:* A sua simples menção nos deixa horrorizados. A crueldade é como os fantasmas que rondam os filmes de terror e os pesadelos, provocando frio na espinha e um aperto no coração.

Você já passou por tal experiência? Existem formas sutis de crueldade que quase não percebemos e, no entanto, intimamente nos fazem sofrer. Quem nunca se assustou com o que acontece no mundo e o mal que se pratica contra animais e seres humanos?

Olhando para este diabinho e percebendo a sua sensação de impotência e desamparo representado no desenho, você poderá sentir vontade de entrar para a cena e lutar também.

Mas não é o que você deve fazer. Nessas situações só a voz do seu coração é que deve ser consultada, porque só ele sabe que, apesar de o ser humano tender para o amor e precisar de afeição, qualquer pessoa pode ser capaz de agir com crueldade quando estão em jogo desapontamentos muito sérios, equívocos e malentendidos.

Se você aplacar suas emoções e deixar a ternura entrar no seu coração, esse sentimento será compartilhado com aqueles que, querendo ofender os outros, ofendem em primeiro lugar a si próprios.

# 49. RECONCILIAÇÃO

*Ódio:* "Ele está cego de ódio", costuma dizer o povo. É assim que o próprio diabo, sem ver mais nada pela frente, se lança aos gritos contra os que ele encara como seus piores inimigos. E o que ele menos enxerga nessa hora é que o verdadeiro inimigo está dentro dele mesmo.

O que este exemplo demonstra é que nós entramos em luta contra o mundo exterior influenciados por traços do nosso próprio temperamento que na verdade detestamos, e é lamentável que nos deixemos levar tão facilmente por eles. O que pode servir de consolo é que quanto mais cedo a pessoa tomar a iniciativa de se reconciliar consigo mesma e aceitar suas deficiências e imperfeições (que existem em toda criatura humana), mais facilmente conseguirá enfrentar com espírito de reconciliação o próximo acesso de ódio. E saberá contornar a crise com uma frase bem humorada: "É, meu amigo, desta vez eu te peguei."

O que acontece então é extraordinário, porque você vai ser capaz de gostar de você mesmo e se aceitar exatamente como é, mesmo quando falhar nas situações e não corresponder às suas próprias expectativas.

# 50. FORÇA DIVINA

*Sentimento de impotência:* Quando os problemas são impossíveis de superar, uma declaração de insolvência é como um reconhecimento oficial de impotência e incapacidade para compensar prejuízos e reencontrar o equilíbrio. Nessas condições, a pessoa pode achar que a sua força reside na acumulação de riquezas materiais, na posse de bens imóveis ou de uma empresa com muitos empregados sob sua dependência.

Mas tanto na vida familiar como na profissional você pode enfrentar situações em que se vê pressionado e que escapam inteiramente ao seu controle, de tal modo que você acaba se declarando impotente para vencê-las.

Pouco importando se o problema está dentro ou fora de você, uma experiência tão angustiante mostra o que essas pressões realmente significam. Só existe um poder absoluto e ilimitado, que é o poder divino presente em todo o Universo e também na energia que alimenta a sua vida. Se você perseverar e se abrir a essa fonte com total confiança, verá como é possível tirar de dentro de você a força de que necessita. Desse modo, mesmo tendo de encarar prejuízos e contrariedades, você vai evitar o abatimento e fazer valer a sua riqueza interior.

# 51. LUZ

*Trevas:* Por acaso você é dos que evitam sistematicamente as outras pessoas e andam vendo sombras por toda a parte, como se buscassem uma fossa ou esconderijo? Na figura do diabinho apenas os olhos ainda são visíveis, parecendo dois pequenos pontos luminosos, mas ele não foi totalmente engolido pelas trevas.

Voltados para o mundo exterior, seus olhos contemplam uma série de males, desgraças e calamidades provocadas pelos homens. Mas fazendo uso do nosso olhar interior, o olhar do coração, podemos reconhecer muitos pontos de luz e ficar esperançosos. A cada zona de trevas corresponde outro tanto de luz, que talvez você ainda não tenha descoberto.

Muitas vezes necessitamos também de uma espécie de refúgio noturno, no qual tanto a alma como o corpo encontrem reconforto longe do ruído exterior. Faça você mesmo a experiência, e verá como é necessária essa hora de recolhimento.

Com isso você pode seguir adiante e abrir-se aos novos dias que virão. A manhã prontamente se anunciará com novas forças, despertando a luz que se irradia de você com todo o seu brilho.

# 52. TRANSFORMAÇÃO

*Morte:* O que significa o diabinho que vejo agora? Alguma pessoa das minhas relações está perto da morte? Antes de se perder em suposições, preste atenção ao diabinho da figura. Veja como, sentado em uma nuvem, ele se compraz dedilhando um cântico na sua harpa. Se você está perguntando se a coisa é mesmo tão simples, a resposta é sim. Trata-se de uma coisa incrivelmente simples. A morte não é um final incerto, e sim uma transição desta existência material para um mundo mais sutil onde a alma continua a viver. Como dizem os aborígines, o nosso destino é viver para sempre.

Todas as sabedorias ensinam que a vida na Terra nada mais é do que um momento na trajetória do espírito. Ainda mais importante é saber utilizar esses anos de experiência da vida material de modo que possamos despertar interiormente para uma profunda compreensão da criação.

Nesse trajeto pode acontecer que você, por meio de duras experiências, passe por várias mortes antes da sua transição definitiva, até alcançar uma forma de consciência ampla na qual nunca mais se apagará o sol que brilha no seu coração.